Martina Dannheimer

1 Tag in Hamburg –
Martinas Kurztrip zum Hafen, auf den Michel und nach St. Pauli

Bibliografische Information der Deutschen Nationalbibliothek:

Die Deutsche Nationalbibliothek verzeichnet diese Publikation in der Deutschen Nationalbibliografie; detaillierte bibliografische Daten sind im Internet über http://dnb.d-nb.de abrufbar.

Impressum:

Lektorat: Caroline Schnitzer, Peter Schmid-Meil

Copyright © 2013 GRIN & Travel

Ein Imprint der GRIN Verlag GmbH

travel.grin.com

- DIE LUST AN STÄDTEREISEN 4
- SHOPPEN UND EIN KRABBENSNACK 5
  - Ein Krabbenbrötchen muss sein 5
  - Shopping in Hamburg: Europa-Passage, Große Bleichen, Neuer Wall 6
  - Hafenrundfahrt für lau 8
- HAFENCITY UND DEICHSTRAßE AHOI 9
  - Die HafenCity – keine Pause für die Kamera 9
  - Die Deichstraße – niedlich oder hartnäckig? 10
- BLANKENESE – DAS VIERTEL DER GUTBETUCHTEN 12
  - Das Treppenviertel 12
  - Der Elbstrand 13
- ZURÜCK IM HERZEN VON HAMBURG 14
  - Von der Binnenalster bis zu „Planten un Blomen" 14
- FRÖMMIGKEIT UND PARTY – HAMBURG VERSPRICHT BEIDES 16
  - Die Hauptkirche St. Michaelis zu Hamburg 16
  - Party auf der Reeperbahn 17
  - Die Große Freiheit auf der großen Freiheit 18
- MEIN FAZIT 20
- LINKS ZU HAMBURG 21
  - Bildnachweis 21

Die Lust an Städtereisen

„Nicht nur lange Reisen bringen Spaß", das ist das Motto, nach dem ich lebe und meine Reiselust stille. Mit meinen Berichten „1 Tag in …" möchte ich zu Kurztrips inspirieren, aufzeigen, was man alles an einem Tag erleben kann, oder einfach nur unterhalten. Für alle, die es auch einmal versuchen möchten, wenig Zeit zum Reisen haben oder deren Geldbeutel – wie meiner – nicht endlos gefüllt ist, gibt es jede Menge Tipps und Karten zum „Nachmachen".

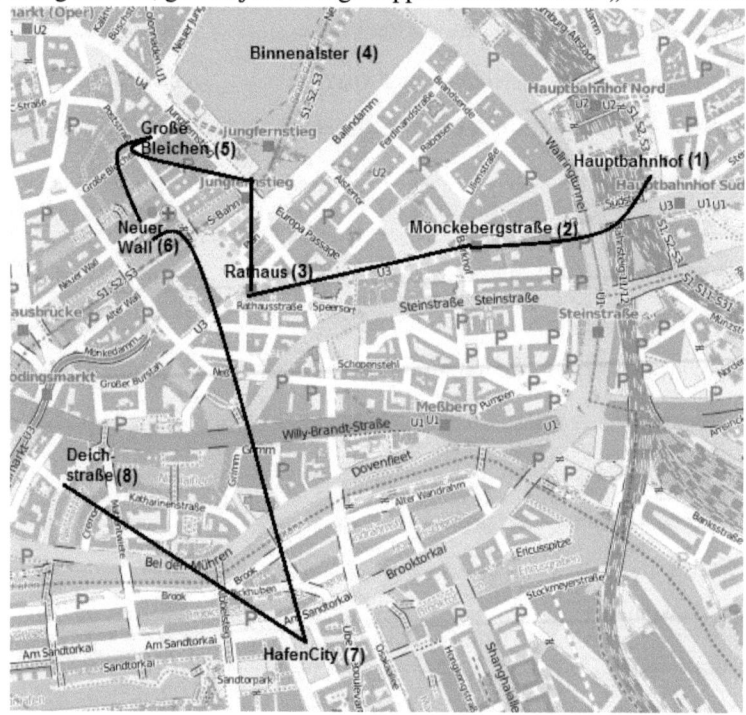

Hamburg-Route Teil 1. Quelle: OpenStreetMap und Mitwirkende, CC BY-SA

Shoppen und ein Krabbensnack

Ein Krabbenbrötchen muss sein

"Hamburg, meine Perle, du wundervolle Stadt. Du bist mein Zuhause, du bist mein Leben, du bist die Stadt, auf die ich kann." Ich saß mit Gepäckberg und Franzbrötchen in der S-Bahn von Fuhlsbüttel in Richtung Jungfernstieg. Während ich so vor mich hin mampfte, hörte ich Hamburgs Hymne. Eigentlich das Lied des HSV, aber schließlich ist der Hamburger Sportverein ein Stück Hamburg. Das Lied stimmte mich so richtig auf meine deutsche Lieblingsstadt ein. Mein Herz pochte und ich war aufgeregt, was auch daran liegen konnte, dass ich bereits am Berliner Tor war und immer noch nicht entschieden hatte, ob ich erst der Alster, dem Hafen oder dem Gänsemarkt ein leidenschaftliches „Moin Moin" entgegen rufen sollte.

Na gut, ich stieg einfach an der nächsten Haltestelle, dem Hauptbahnhof (1), aus und verstaute dort mein Gepäck. Obwohl mein Magen durch das Franzbrötchen ausreichend versorgt war, gönnte ich mir ein weiteres lukullisches Willkommensgeschenk: ein Krabbenbrötchen. Zum einen stellte ich damit den herzhaften Ausgleich zum süßen Plundergebäck her, zum anderen ist der Verzehr mindestens eines Meerestieres in Hamburg Pflicht – für mich jedenfalls. Genüsslich essend stand ich vor dem Bahnhofsgebäude an einer Ampel und ein Sekundenzähler zeigte an, wann sie auf grün umschalten würde. Elf Sekunden trennten mich noch von der Mönckebergstraße (2), der Mö, wie sie liebevoll von den Hanseaten genannt wird.

Die Türme spiegeln sich in der Binnenalster

Shopping in Hamburg: Europa-Passage, Große Bleichen, Neuer Wall

Ich hielt es nur neun Sekunden aus und hastete während der Rot-Endphase über den Steintorwall. Shopping-Meilen üben eben eine magische Anziehungskraft auf mich aus. Da ich keinen unnötigen (Einkaufs-)Balast mit mir herumschleppen wollte, hatte ich meine Kauflaune allerdings wider Erwarten im Griff und flanierte nahezu ohne Geldverlust gen Alster. Ein paar Meter an der Alster entlang schlendern, den keifenden Schwänen zuschauen und mich wie eine Hamburger Deern fühlen, genau das wollte ich jetzt. Und genau das machte ich auch. Kurz spähte ich zur Europa-Passage, dem schicken Einkaufszentrum auf fünf Etagen, machte einen kurzen Abstecher zum Rathaus (3)und erreichte die Binnenalster (4).

Das prunkvolle Rathaus von Hamburg

Touristen warteten in einer Schlange, um gleich zu einer Bootstour auf dem Fluss aufzubrechen. Ich saugte die kalte, meeresfrische Luft in mich auf und genoss den Wind. An und für sich mochte ich keinen Wind – nur in Hamburg. Während ich meine Nase noch in die frische Brise hielt, steuerte ein Japaner auf mich zu und drückte mir seine Kamera in die Hand. Ich ließ meine fotographischen Künste walten und lichtete den Herrn samt Gattin ab. Ob man als Japaner mit Fotoapparat um den Hals zur Welt kommt?

Ich widmete mich nun endlich den edlen Boutiquen, einladenden Cafés und Straßenmusikern auf den Großen Bleichen (5) sowie dem Neuen Wall (6). Obwohl ich bloß guckte anstatt zu shoppen, war der Bummel eine seelische Brotzeit für mich. Da ich schätzungsweise 27 Mal stehen blieb, um dem Flair zu frönen, war ich über eine Stunde beschäftigt.

Hamburger Schilderwald – wo ging's doch gleich zum Shopping?

Hafenrundfahrt für lau

Am Rathaus stieg ich in die U3 und ließ mich zum Hafen kutschieren. Da die U-Bahn zwischen dem Rödingsmarkt und den Landungsbrücken, meinem Ziel, oberirdisch fährt, genoss ich einen fantastischen Blick auf den Hamburger Hafen. Da lag er nun vor mir, der größte Seehafen Deutschlands. Warum Hamburg das Tor zur Welt genannt wird, war mir spätestens jetzt klar. Meine Blicke folgten einem riesigen Containerschiff, das majestätisch langsam und tutend an mir vorbeifuhr. Im Hintergrund ragten zahlreiche Kräne in den weißblauen Himmel, gebaut wurde hier wohl immer.

Nicht minder fasziniert betrachtete ich die kleinen Segelboote. Segeln erinnerte mich an Welt umrunden, vom Boot aus Baden, abends mit der Crew Sangria trinken und selbst gekochtes Labskaus essen. Fast meinte ich, den Atlantik zu sehen. Nein, ich war in Hamburg, und das war gut so.

Genauso gut war, dass ich jetzt Schifffahren durfte – für lau. Denn anstatt eine teure Hafenrundfahrt zu buchen, durfte ich mit meinem HVV-Ticket gratis die Fähre benutzen. Gleich sieben Linien gibt es: 61, 62, 64, 72, 73, 75 sowie Cranz-Blankenese. Meine Runde mit der 62 begann an den Landungsbrücken, führte über den Fischmarkt, vorbei am Museumshafen Övelgönne nach Finkenwerder und wieder zurück. Ich war begeistert!

Blick auf den Hamburger Hafen

HafenCity und Deichstraße Ahoi

Die HafenCity – keine Pause für die Kamera

Ich spazierte das letzte Stück an der Hafenpromenade entlang und gelangte zur Speicherstadt, die mit dem angrenzenden Neubaugebiet den Hamburger Stadtteil HafenCity (7) bildet. Während ich durch die Gassen wandelte und kontinuierlich meine Kamera zückte, erfreute ich mich am Anblick der Backsteinhäuser, engen Fleete und passierenden Barkassen. Kurzzeitig zog ich den Besuch einer der Ausstellungen in Betracht. Besonders lohnend ist das Maritime Museum mit seinen unzähligen Schiffen, Seekarten, Gemälden etc., oder das Miniatur Wunderland mit faszinierenden Spielzeug-Eisenbahnwelten.

Was für ein Anblick – die Speicherstadt

Gruseln wäre ebenfalls mein Ding gewesen, weshalb ich dem Hamburg Dungeon nur schwer widerstehen konnte. Szenen aus der Hamburger Geschichte, etwa Störtebekers Hinrichtung, sorgen dort für Angst und Schrecken. Da mir die Sonne aber mit so viel Lebensfreude ins Gesicht strahlte, entschied ich mich, weiterhin bei ihr zu bleiben und den Tipp einer Freundin zu befolgen. Diese hatte mir nämlich zum Besuch der Deichstraße (8) geraten. Da sei alles so niedlich. Artig (und neugierig) stiefelte ich also hin und hatte gedanklich rosa Hütten und Plüschsofas vor Augen.

Die Deichstraße – niedlich oder hartnäckig?

Als ich in dem kleinen Gässchen gegenüber der Speicherstadt ankam, präsentierte sich mir zwar ein anderes Bild, enttäuscht war ich allerdings trotzdem nicht. Denn ich fühlte mich tatsächlich wie in einer anderen Welt, ein klitzekleines bisschen zumindest. So ist die Deichstraße das letzte Überbleibsel aus dem alten Hamburg. Was meine liebe Freundin als niedlich bezeichnete, darf genauso gut als hartnäckig betitelt werden. Schließlich trotzte die Deichstraße nicht bloß dem großen Brand im Jahre 1842 – zumindest die Häuser im südlichen Teil der Straße –, sondern ebenfalls sämtlichen

Sanierungswellen und dem Zweiten Weltkrieg. Als es vor gut 40 Jahren Abrisspläne für das historische Pflaster gab, machte sich die eigens dafür gegründete Initiative „Rettet die Deichstraße" für ihren Erhalt stark – mit Erfolg. Nach ein paar Restaurierungsarbeiten blieb fast alles beim Alten. Da in einigen Häusern Restaurants und Boutiquen beheimatet sind, wird das Ur-Hamburger Fleckchen am Nikolaifleet heute zu einem Erlebnis für alle Sinne.

Die Alt-Hamburger Deichstraße

Blankenese – Das Viertel der Gutbetuchten

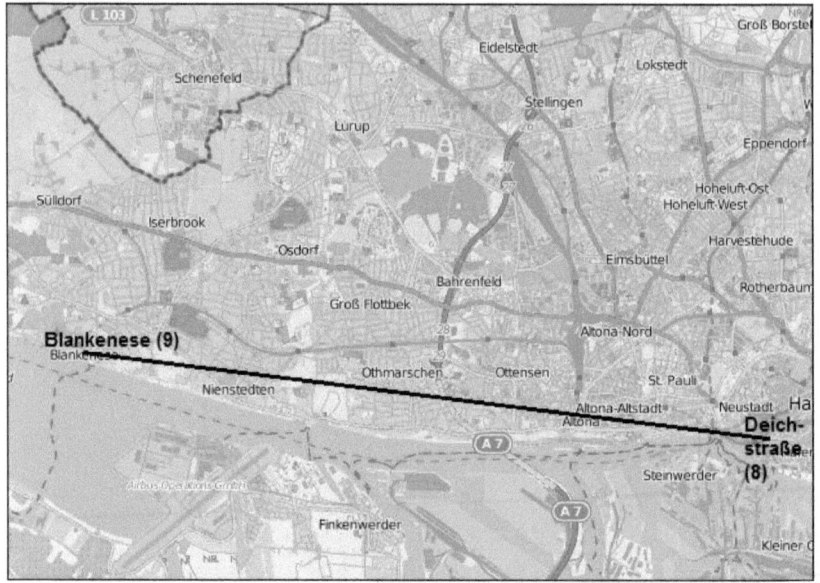

Hamburg-Route Teil 2. Quelle: OpenStreetMap und Mitwirkende, CC BY-SA

Das Treppenviertel

„Blankenese" (9) schoss es mir durch den Kopf. Ein Abstecher in den Westen von Hamburg durfte auf meinem Trip auf keinen Fall fehlen: Also los. Dazu musste ich allerdings doch für 30 Minuten der Sonne entsagen, um mich von der S1 ins Viertel der Gutbetuchten kutschieren zu lassen. Meine Vorfreude konnte selbst die Fahrt per Schienenersatzbus zwischen Altona und Klein Flottbek kaum trüben Der Ausblick nach einem zehnminütigen Fußmarsch entschädigte mich sowieso für den unbequemen Shuttlebus. Durchs Treppenviertel mit seinen charmanten Häusern und insgesamt ca. 5.000 Stufen schritt ich dem zweitlängsten Fluss Deutschlands entgegen. Hätte ich es nicht besser gewusst, hätte ich das Gefühl gehabt, das Meer breite sich vor mir aus. Zumindest lief ich durch Sand und ließ mich von der leichten Brise am Ufer entlang treiben.

Der Elbstrand

Einige hunderte Meter vor mir erhob sich am Elbstrand ein kleiner Leuchtturm, über dessen Wendeltreppe ich nach oben stieg. Gut, es waren bloß wenige Meter bis zum Ausguck, meine bekannte Höhenangst machte sich dennoch rasch bemerkbar. Deshalb stiegen wir beide auch schleunigst wieder hinunter.

Hier wohnt eine Menge Geld – Blankenese

Während meines Rückwegs begutachtete ich das ehemalige Fischerdorf Blankenese, das sich – vom Elbstrand aus betrachtet – auf einem kleinen Hügel befindet. Und als ich das Treppenviertel wieder hinaufkeuchte, kam mir dieser kleine Hügel gleich deutlich größer vor. Den Gipfelsturm auf Blankeneses Süllberg, immerhin 88 Meter hoch, ersparte ich mir deshalb lieber. Die temporäre Schnappatmung tat meiner Begeisterung jedoch keinen Abbruch – im Gegenteil. Das wahrlich mediterrane Flair, die überwiegend weißen Villen nebst den verschachtelten Gässchen erinnerten an Gefilde rund um die Riviera.

Zurück im Herzen von Hamburg

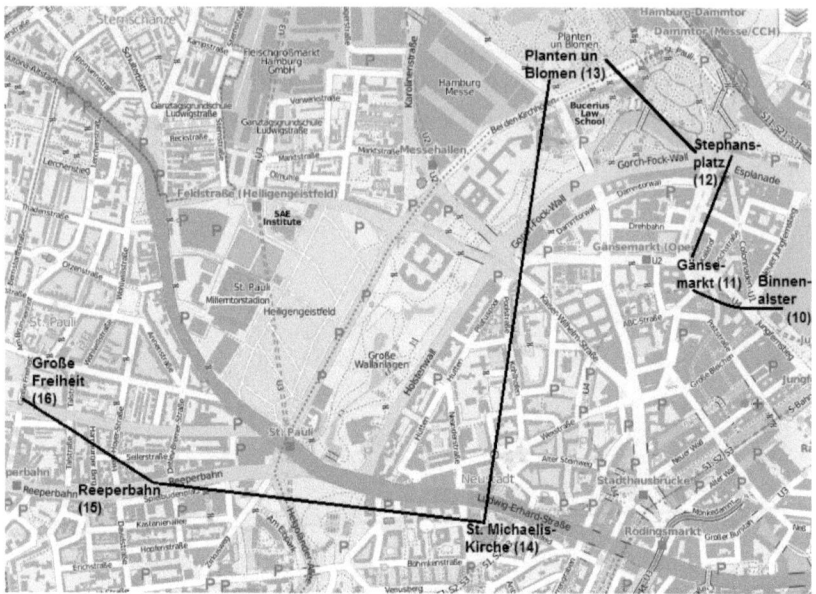

Hamburg-Route Teil 3. Quelle: OpenStreetMap und Mitwirkende, CC BY-SA

Von der Binnenalster bis zu „Planten un Blomen"

Bereichert von herrlichen Eindrücken war ich nach einer Stunde S-Bahn- und Ersatzbusfahrt zurück im Herzen von Hamburg. Nun wählte ich den Jungfernstieg als Ausstieg, einfach wunderschön! Ich bummelte nochmals ein Stück an der Binnenalster (10) entlang, wechselte meine Marschrichtung gen Gänsemarkt (11) und kam am Stephansplatz (12) an. Fein, denn ich wollte „Planten un Blomen" (13), plattdeutsch für „Pflanzen und Blumen", besuchen. Die 47 Hektar große Parkanlage mit dem alten botanischen Garten sowie den großen und kleinen Wallanlagen ist ein traumhaft schönes Erholungs- und Flanierareal im Herzen der Hafenmetropole. Dreimal war Planten un Blomen sogar Schauplatz der Internationalen Gartenausstellung (IGA), und zwar in den Jahren 1953, 1963 und 1973.

Im Park Planten un Blomen

Nach dem kostenlosen Eintritt stellte sich mir gleich die erste Entscheidungsfrage. Erst einmal Richtung Stadtgraben laufen und die Mittelmeerterrassen genießen oder lieber zur Visite des Japanischen Gartens schreiten, dem größten seiner Art in Europa? Ihr seht schon, man sollte Zeit mitbringen, um dem Komplettprogramm zu frönen. Darin enthalten wären zudem der Rosengarten mit seinen rund 300 Rosensorten und der Apothekergarten, der mit Kräutern und Heilpflanzen in den „Sieben Höfen der Gesundheit" die Besucher begeistert.

Wem der Sinn nach großer weiter Welt steht, der kommt im tropischen und subtropischen Gewächshaus auf seine Kosten. Bei Sonne und warmen Temperaturen laden auch noch die vielen Liegestühle zum Chillen ein. Noch toller und ebenfalls kostenlos sind die Wasserlichtkonzerte. Jeden Abend vom 1. Mai bis zum 30. September hüpfen die farbigen Wasserfontänen zum Klang von klassischer Musik.

Frömmigkeit und Party – Hamburg verspricht beides

Die Hauptkirche St. Michaelis zu Hamburg

Bevor ich mich ins hemmungslose Vergnügen auf St. Pauli stürzte, rief noch ein etwas frömmerer Tagesordnungspunkt. Ich wollte dem Michel guten Tag sagen, was in Hamburg so viel bedeutet, wie in die Kirche gehen. Und eben nicht in irgendeine, sondern in die Hauptkirche St. Michaelis, kurz „Michel" (14) genannt– das Wahrzeichen der Hansestadt.

Kirchen gibt es natürliche viele, und so drängt sich einem berechtigterweise die Frage auf, warum gerade der Michel solch eine Popularität genießt. Es ist das Gesamtkonstrukt, das beeindruckt. Wer den Michel besucht, sollte Zeit mitbringen – Zeit, um erst einmal hinaufzusteigen. Insgesamt misst er stolze 132 Meter, der mit Kupferplatten verkleidete Turm, der majestätisch gen Hamburgs Himmel ragt. Auf immerhin 82 Metern Höhe kann man nach einer Aufzugfahrt den Blick über Alster, Hafen & Co. schweifen lassen. Höhenangstgeplagten dürfte so die Menge der ausgeschütteten Glückshormone reichen, um nicht in einen ohnmachtsähnlichen Zustand zu verfallen. Ich weiß, wovon ich spreche.

Wer anstatt über Höhe lieber über Größe staunt, ist ebenfalls am rechten Ort, denn die Turmuhr gilt mit ihren acht Metern Durchmesser als der Spitzenreiter unter ihren deutschen Kollegen. Als ob das nicht schon erstaunlich genug wäre, sorgt der Michel-Trompeter zweimal täglich für weitere Furore und posaunt seine Meisterwerke über die Elbmetropole hinaus.

Ein weiterer Ohrenschmaus wartet im Inneren. So gibt es im Kirchenschiff drei Orgeln, wovon die größte mit fünf Manualen (Tastaturen) imponiert. Bei der täglichen rund 20-minütigen Mittagsandacht kann man sich eine nette Sound-Kostprobe zu Gemüte führen.

Blick auf Hafen und Michel

Party auf der Reeperbahn

So, jetzt aber: Paaarty! Ich freute mich riesig auf die Reeperbahn (15), ein Stück Hamburg mit viel Herzblut und Historie. Letztere begann übrigens gegen Ende des 17. Jahrhunderts. Damals, noch vor den Toren Hamburgs, ließen sich arme und kranke Leute, genauso aber zahlreiche Künstler nieder, die innerhalb der Stadtmauern nicht erwünscht waren. Im Vorort Hamburger Berg, dem heutigen St. Pauli, lebten die Menschen in spartanischen Unterkünften. Ende des 19. Jahrhundert wurden feste Bauten errichtet und es zogen Varieté, Zirkus, Theater und Trinkhallen ein.

Den Namen verdankt die Reeperbahn den Reepschlägern. Jene Handwerker und Seiler benötigten eine lange, gerade Straße, um ihre Schiffstaue, die Reepen, zu fertigen. Man kann es nicht passender zusammenfassen: Erst die Arbeit, dann das Vergnügen. Und Letzteres war an diesem Tag bereits in vollem Gange. Junggesellenabschiede, Mädels- und Männergruppen, Prostituierte, Schaulustige – und ich mittendrin.

Bunt und unterhaltsam ist es auf der Großen Freiheit in St. Pauli.

Die Große Freiheit auf der großen Freiheit

Als Erstes lief ich zu der Straße, deren Namen meiner Lebensphilosophie gleichkommt: Große Freiheit (16). Bekannt wurde diese berühmt-berüchtigte Seitenstraße der Reeperbahn vor allem durch zahlreiche Stripclubs. Noch vor einigen Jahren kamen Besucher nicht nur in den Genuss sich entblößender zumeist weiblicher Tänzer, sondern auch von Shows mit Geschlechtsakt auf der Bühne. Inzwischen sind die meisten dieser einschlägigen Clubs geschlossen, trotzdem ist der Spaßfaktor auf der Großen Freiheit nicht geschrumpft.

Für die Krönung meiner Kieztour ging ich auf die andere Straßenseite und überquerte den Hans-Albers-Platz. Nach dem ich mich durch all die Partygänger und Alkoholkonsumfreudigen geschlängelt hatte, kam ich an meinem finalen Ziel an: der Rutsche. Kaum hatte ich einen Fuß in die Spaßkneipe auf St. Pauli gesetzt, erlag ich dem Partyfieber. Ausgestattet mit einer Mischung aus süßem Weißwein und Sprite tanzte ich zu Deutschlands Schlagerstar-Elite. Die Stimmung war grandios. Der HSV hatte heute 1:1 gespielt, zahlreiche Fans feierten das (gute oder schlechte?) Ergebnis und stimmten lauthals mit ein, als die Hymne aus den Lautsprechern tönte: *„Hamburg, meine Perle, du wunderschöne Stadt. Du bist mein Zuhaus, du bist mein Leben, du bist die Stadt, auf die ich kann."* Natürlich stellte auch ich mein nicht vorhandenes Gesangstalent unter Beweis. Stimmgewaltig grölte ich den Refrain mit, immer in der Hoffnung, Hamburg würde mir verzeihen, dass ich keinen einzigen Ton traf. Denn getroffen hat die Hansestadt immerhin mich: mitten ins Herz.

Mein Fazit

Hamburg ist meine Perle, meine Lieblingsstadt in Deutschland. Gut, über das Wetter, vor allem im Winter, wollen wir mal nicht sprechen, ansonsten vergöttere ich die Hansestadt. Der Hafen, das maritime Flair, traumhafte Bauwerke und Shoppingpflaster zwischen Elbe und Alster, und natürlich das unvergleichliche Nachtleben auf St. Pauli faszinieren mich stets aufs Neue.

Meine Bewertung:

Sightseeing: 👠👠👠👠👠

Verkehrsmittel: 👠👠👠

Essen & Trinken: 👠👠👠👠

Shopping: 👠👠👠👠

Links zu Hamburg

Europa-Passage: http://www.europa-passage.de/

Hamburger Rathaus: http://www.hamburg.de/rathaus/

Große Bleichen: http://www.hamburg.de/grosse-bleichen/

Neuer Wall: http://www.hamburg.de/neuer-wall/

HVV-Fahrkarten: http://www.hvv.de/fahrkarten/

Museumshafen Övelgönne: http://www.museumshafen-oevelgoenne.de/

HafenCity Hamburg: http://www.hafencity.com/

Internationales Maritime Museum Hamburg: http://www.internationales-maritimes-museum.de/

Miniatur Wunderland Hamburg: http://www.miniatur-wunderland.de/

Hamburg Dungeon: http://www.the-dungeons.de/hamburg/de/index.htm

Deichstraße: http://www.hamburg.de/deichstrasse/

Verein „Rettet die Deichstrasse" e.V.: http://www.deichstrassehamburg.de/

Gänsemarkt: http://www.hamburg.de/gaensemarkt/

Planten un Blomen – Hamburgs City-Park für alle: http://plantenunblomen.hamburg.de/

St. Michaelis-Kirche: http://www.st-michaelis.de/

Reeperbahn: http://www.hamburg.de/reeperbahn/

Die Rutsche – Die Spaß-Kneipe auf St. Pauli: http://www.dierutsche.de/

Bildnachweis

Alle Bilder innerhalb dieses Buches stammen von:

- Martina Dannheimer
- OpenStreetMap und Mitwirkende, CC BY-SA
- jara3000: http://www.shutterstock.com/pic-132687290/stock-vector-high-heel-shoes-silhouette.html?src=csl_recent_image-1